NOTICE

SUR LA PRÉPARATION

DE

DIVERSES BOISSONS

PROPRES A REMPLACER LE VIN;

Rédigée sur la demande de la Société d'Agriculture de la Gironde;

Par M. A. BAUDRIMONT,

PROFESSEUR A LA FACULTÉ DES SCIENCES DE BORDEAUX.

DEUXIÈME ÉDITION.

Prix : 75 c.

BORDEAUX.
IMPRIMERIE DE TH. LAFARGUE, LIBRAIRE,
RUE PUITS DE BAGNE-CAP, 8.
1855.

NOTICE

SUR

LA PRÉPARATION

DE

DIVERSES BOISSONS

PROPRES A REMPLACER LE VIN,

Rédigée sur la demande de la Société d'Agriculture de la Gironde ;

Par M. A. BAUDRIMONT,

PROFESSEUR A LA FACULTÉ DES SCIENCES DE BORDEAUX.

DEUXIÈME ÉDITION.

BORDEAUX.
IMPRIMERIE DE TH. LAFARGUE, LIBRAIRE,
RUE PUITS DE BAGNE CAP, 8.
1855.

Tous les Exemplaires sont revêtus de la signature de l'Auteur.

NOTICE

SUR

LA PRÉPARATION

DE

DIVERSES BOISSONS

PROPRES A REMPLACER LE VIN.

Depuis plusieurs années, la vigne a donné une suite de faibles récoltes par l'influence combinée de circonstances géologiques et de la présence de l'oïdium. Cet état désastreux continuant à sévir contre nous, je crois devoir publier quelques recettes pour faire des boissons propres à remplacer le vin.

Loin de moi la pensée d'indiquer le moyen de faire du vin artificiel. On y arrivera un jour; mais on n'y est pas encore parvenu. Les différentes recettes qui ont été données pour cela, produisent généralement une boisson fermentée qui n'est pas plutôt du vin que du cidre, du poiré ou de l'hydromel, et qui, certainement, n'est ni l'un ni l'autre de ces produits.

En rédigeant cette notice, mon intention est de venir

en aide à la classe des travailleurs en leur donnant les moyens de préparer des boissons propres à réparer les forces qu'ils consument journellement dans l'intérêt de la société.

Plusieurs de ces boissons peuvent aussi convenir parfaitement aux armées en campagne. La rapidité, la facilité de leur préparation, ainsi que le faible poids des matières qui servent à les confectionner, les rendent précieuses pour ce cas spécial et leur donnent même un avantage réel sur le vin.

Parmi ces boissons, il en est d'excellentes et qui pourraient entrer dans la consommation ordinaire, non-seulement pendant les repas, mais aussi comme des boissons agréables.

Il faut établir une distinction fort nette entre ces deux sortes de boissons : les dernières peuvent admettre du sucre dans leur composition ; les premières n'en admettent pas.

Avant de donner ces recettes, il sera peut-être utile de les motiver en jetant un coup-d'œil rapide sur la constitution générale des boissons et sur les propriétés qu'elles doivent posséder.

L'eau est la boisson par excellence ; elle fait partie de tous les breuvages, même du vin. Puisée dans le sol et parvenue dans le raisin par une aspiration spéciale, elle se retrouve finalement dans ce dernier liquide et en quantité considérable. Il en est de même pour le cidre et le poiré, qui sont aussi des sucs de fruits fermentés. On sait que les brasseurs l'emploient pour préparer la bière.

L'eau seule peut tenir lieu de toutes les boissons. Nos ancêtres ne buvaient pas d'autre liquide ; beaucoup de personnes suivent encore le même usage, et l'on sait que des individus qui n'ont jamais bu que de l'eau, sont parvenus à un âge fort avancé.

Si l'eau suffit pour entretenir la vie, elle ne suffit point pour le travailleur, pour celui qui doit dépenser une certaine quantité de forces dans le courant d'une journée : elle est débilitante. Bue au-delà d'une limite peu élevée, elle est même nuisible.

Lorsque l'on veut faire faire une course ou un grand travail à un cheval, on lui donne de l'avoine, et cette avoine possède une partie des propriétés que l'on recherche dans les boissons qui entrent dans la consommation ordinaire de l'homme.

Toutes les boissons, quelles qu'elles soient, contiennent un principe enivrant ou excitant.

Ce principe est fort variable ; mais c'est généralement de l'alcool, comme dans les boissons qui ont été citées. Dans le thé et le café, il y a un même principe, la *théine* ou la *caféine*, qui sont identiques, et auquel il faut rapporter une partie des effets des boissons préparées avec ces matières qui, après avoir produit un effet narcotique très-passager, excitent fortement à la veille et au travail, surtout à celui de l'intelligence.

L'alcool et *l'eau* forment la base de toutes les boissons fermentées ; mais seuls ils ne suffisent point : ce mélange a une saveur peu prononcée et, quoique moins débilitant que l'eau, il ne donne point à l'estomac la faculté digestive que lui communiquent les autres boissons.

Toutes les boissons alcooliques obtenues par la fermentation sont *acides*.

Les acides relèvent fortement la saveur de l'alcool.

Les alcalis, au contraire, la paralysent complètement.

Les acides qui entrent dans les boissons ordinaires sont très-variables et on ne les connaît peut-être pas tous.

Dans le vin, il y a l'acide tartrique et le tartrate acide de potasse.

Dans le cidre et dans le poiré, il y a de l'acide malique.

Dans la bière, il y a de l'acide lactique.

Dans toutes ces boissons, il y a de l'acide carbonique.

Les acides tartrique et malique existent naturellement : le premier dans le raisin et le second dans les pommes et les poires.

L'acide lactique est un produit de la fermentation, formé au détriment de l'alcool que le sucre donnerait (1).

L'acide carbonique est aussi un produit de la fermentation ; mais il est le complément indispensable de la production de l'acool et il n'en diminue nullement la quantité.

Il est facile de se procurer de l'acide tartrique dans le commerce (2) ; l'acide malique y est fort rare. Quant à l'acide lactique, qui ne s'y trouve qu'à un prix très-élevé, il ne mérite point d'être recherché parce qu'il dissout facilement le phosphate de chaux et qu'il attaque les dents.

---

(1) Voyez page 7, l'origine de l'alcool.

(2) L'acide tartrique et la crème de tartre étant des produits de la vigne, ont un prix assez élevé maintenant. Mais les quantités employées sont si faibles, qu'elles n'augmentent pas d'un centime le prix du litre des boissons dans lesquelles on les fait entrer.

Avec de l'*eau*, de l'*alcool* et de l'*acide tartrique*, on peut déjà faire une boisson agréable; mais on peut aussi faire beaucoup mieux; car, par des infusions, il est possible de communiquer à ces boissons un agent *tonique* qui les rende tout-à-fait supérieures aux boissons ordinaires.

Les *agents toniques* sont *amers* ou *astringents*.

Ces sortes d'agents ne manquent pas dans le commerce; mais pour ne point sortir de ceux qu'une longue expérience a sanctionnés, le houblon fournira un principe amer et le principe astringent pourra être puisé dans le thé.

On sait d'ailleurs que le houblon, indépendamment de son principe amer, possède un principe aromatique qui le fait rechercher, et que dans le thé, indépendamment du principe astringent et de la théïne, il y a aussi des principes aromatiques variables, mais des plus agréables et des plus convenables pour parfumer des boissons.

Les matières qui viennent d'être indiquées ne sont pas les seules qui concourent à la formation des boissons alcooliques; mais ce sont les principales et les plus importantes.

La préparation des boissons dont il est question dans cette notice, est généralement très-facile et n'exige qu'un faible matériel, essentiellement formé des vases à contenir les liquides. Les unes sont préparées par la fermentation, et exigent un certain temps pour devenir potables; les autres ne sont que de simples mélanges qui se préparent instantanément et peuvent être consommés immédiatement.

BOISSONS PRÉPARÉES PAR FERMENTATION.

Ce paragraphe sera consacré à la *Piquette* et à la *Bière*.

DE LA PIQUETTE.

On peut considérablement améliorer la piquette et en augmenter la production.

L'acide tartrique peut être avantageusement remplacé par l'acide citrique qui est plus agréable. On tire ce dernier acide du suc de citron, comme son nom l'indique, et son prix est seulement un peu plus élevé que celui de l'acide tartrique.

Cette boisson ressemblant au vin et ne faisant en rien déroger aux habitudes des consommateurs, mérite une attention toute spéciale de la part des viticulteurs.

On sait qu'en délayant le marc de raisin dans de l'eau et soumettant ce mélange à la fermentation, on obtient une liqueur potable qui porte le nom de *piquette*.

Cette boisson ne contient qu'une très-faible quantité d'alcool, 1 à 2 centièmes au plus, dont la saveur est relevée par de l'acide tartrique ou du tartrate acide de potasse, et une espèce de tannin ou un principe astringent qui est principalement puisé dans la rafle du raisin.

Au lieu d'eau, si l'on emploie une dissolution de sucre et si l'on soumet le tout à la fermentation, il se développe de l'alcool dont la quantité est proportionnelle à celle du sucre employé. Cet alcool, s'ajoutant à celui que donnent les dernières portions de sucre de raisin qui n'a pu être séparé du marc par la presse, aide à la dissolution de diverses matières contenues dans le marc, et la piquette ainsi préparée, est beaucoup plus riche que celle que l'on obtient ordinairement.

La quantité d'eau sucrée que l'on peut ajouter au marc de raisin peut être plus considérable que celle de l'eau simple qui ne peut dépasser certaines limites, parce qu'elle donnerait une liqueur contenant si peu d'alcool, qu'elle ne pourrait se conserver.

Il est maintenant deux questions à examiner : 1° combien faut-il ajouter de sucre à l'eau, et 2° quelle est la limite de l'eau sucrée à ajouter au marc de raisin.

Combien faut-il ajouter de sucre à l'eau pour améliorer la piquette ?

Cette quantité est évidemment variable, selon que l'on voudra obtenir une piquette plus ou moins riche en alcool et selon la nature du marc de raisin.

Pour résoudre ces questions, il faut entrer dans quelques détails.

L'alcool provient du sucre.

Le *sucre* mis en présence de l'*eau* et d'un *ferment* convenable (levure de bière par exemple), se partage en *alcool* et en acide *carbonique*. Ce partage ne se fait nettement qu'en présence d'un acide.

Dans les fermentations naturelles, l'origine de ces acides a été signalée. Dans les distilleries du nord de la France, on ajoute de l'acide sulfurique au suc de la betterave, pour faciliter la fermentation et augmenter la production de l'alcool.

Théoriquement, 1 kilogramme de sucre donne 538 grammes d'alcool absolu, occupant un volume d'environ

0 litre 680 ou de 680 centimètres cubes à 17° de température.

On déduit de ce qui précède, qu'un litre d'alcool pur, serait produit par 1468 grammes de sucre également pur. Nous admettrons 1500 grammes en nombre rond comme approchant davantage du résultat industriel.

Dans sa brochure sur le sucrage du vin, M. Dubrunfont admet 1700 grammes, nombre plus élevé et qui n'est probablement exact que pour des liqueurs neutres, c'est-à-dire, ne contenant point d'acide.

Il résulte des notions précédentes, qu'on obtiendra autant de centièmes d'alcool dans la liqueur fermentée, qu'on y aura ajouté de fois 1 kilogramme et demi de sucre par hectolitre d'eau (1).

Deux centièmes d'alcool amélioreraient considérablement la piquette. Cinq centièmes la rendrait enivrante et comparable à des vins ordinaires. Si le sucre est compté à 1 fr. 50 le kilogramme, il en faudra pour 2 fr. 25 par chaque centième d'alcool que l'on voudra obtenir.

La piquette à 2 centièmes d'alcool exigerait une augmentation de dépense de 4 fr. 50 par hectolitre.

Celle à 5 centièmes d'alcool exigerait une augmentation de 11 c. 25 par hectolitre.

En négligeant la quantité d'alcool que la piquette contiendrait sans addition de sucre, quantité qui est fort variable et ne peut être évaluée ici.

---

(1) Ce résultat n'est pas rigoureusement exact, puisqu'il faudrait retrancher de l'hectolitre d'eau, autant de litres de ce liquide qu'on y introduirait de litres d'alcool par la fermentation; mais c'est là une précision qu'il n'importe nullement d'atteindre.

Quelle est la limite de l'eau sucrée que l'on peut ajouter au marc de raisin?

Cette limite dépendra plus de la quantité du sucre ajouté que de celle de l'eau; car les principes utilisables contenus dans le marc de raisin ne sont pas inépuisables, et il faut au moins qu'il s'y trouve le ferment nécessaire pour détruire le sucre ajouté.

Heureusement le raisin contient une quantité de ferment beaucoup plus considérable que celle qui est nécessaire pour transformer en alcool et en acide carbonique tout le sucre qui s'y trouve naturellement.

Cette proposition est prouvée par un mode spécial de la fabrication du vin mousseux, qui admet du sucre étranger à celui du raisin et qui subit cependant une fermentation complète. Cela est encore démontré par la préparation des piquettes artificielles dans lesquelles une dissolution de sucre subit aussi une fermentation complète sous l'influence du raisin sec.

Avec l'intention d'ajouter deux centièmes d'alcool à la piquette, on peut, sans hésiter, doubler la quantité d'eau que l'on eût ajoutée dans le mode de préparation ordinaire.

Si l'on veut faire de la piquette qui contienne cinq centièmes d'alcool en sus de celle qu'elle eût produit sans addition de sucre, il sera prudent de ne pas dépasser la quantité d'eau employée ordinairement; cependant il est probable que l'on pourrait le faire sans inconvénient.

Au lieu de sucre, on pourrait employer de la mélasse.

Si cette mélasse venait du raffinage de sucre de canne pur, elle ne communiquerait aucune mauvaise saveur à la piquette ; ce serait le contraire si elle provenait d'un mélange de sucre de canne et de betterave.

La mélasse de canne pure, telle qu'elle est donnée par plusieurs raffineries de Bordeaux, coûte de 0 fr. 70 à 0 fr. 75 le kilogramme et ne contient qu'environ 0, 60 de sucre.

Partant de ces données, on trouve qu'il en faut 2 k. 500, pour remplacer un kilogramme et demi de sucre, produisant un litre d'alcool, et qu'elle porte ce centième, au prix de 1 fr. 875, soit 1 fr. 90 au lieu de 2 fr. 25, qui est le prix de celui obtenu par le sucre ordinaire.

La différence de 35 centimes qui existe entre ces deux prix, n'est pas assez considérable pour que l'on ne doive accorder la préférence à l'emploi du sucre en pain, qui n'offre aucune chance défavorable.

Les viticulteurs qui égrappent le raisin soustraient, au marc de ce dernier, une bonne partie des principes qu'il importe d'y faire entrer. Aussi, cet égrappage complique-t'il la préparation de cette dernière.

L'égrappage précédant la fermentation, et celle-ci pouvant durer plusieurs jours, il importerait de faire macérer les rafles dans l'eau que l'on destine à la préparation de la piquette, et de se servir de cette eau pour délayer le marc aussitôt qu'il serait obtenu.

Pour extraire des rafles tous les principes utiles qu'elles contiennent, il conviendrait de les écraser avant de les faire macérer dans l'eau.

Il va sans dire que si l'eau macérée sur le marc était altérée, il faudrait la jeter et n'employer que de l'eau ordinaire pour la préparation de la piquette.

Avant la maturité du raisin, on pourrait en remplacer le marc par les cirrhes et les jeunes pousses de la vigne qu'il faudrait aussi avoir soin d'écraser avant de les employer.

La piquette peut encore être renforcée en qualité et augmentée en quantité par l'addition d'une certaine quantité de lie de vin. Cette lie doit être ajoutée avant la fermentation. Elle la facilite au lieu de l'arrêter et elle fournit plusieurs principes utiles, tels que du tartre et de la matière colorante.

Une eau fortement sucrée ajoutée à du marc de raisin donnerait une piquette dont on pourrait tirer une très-bonne eau-de-vie par la distillation; mais cette eau-de-vie atteindrait un prix très-élevé; car, sans compter les frais ordinaires de la distillation et la valeur de la piquette, chaque litre d'alcool aurait le prix du sucre qui l'aurait produit, soit au moins 2 fr. 25.

Cependant cet alcool, compté à 0, 50 qui est le titre d'une eau-de-vie ordinaire, mettrait le litre de celle-ci à 1 fr. 125.

Est-il utile d'ajouter que l'addition du sucre à la piquette ne change absolument rien à sa préparation et que l'opération est terminée en même temps que la fermentation; ce que l'on reconnaît à ce qu'il ne se forme plus de bulles qui viennent crever à la surface du liquide.

PIQUETTE ARTIFICIELLE.

On fait une espèce de piquette artificielle avec une dissolution de sucre et du raisin ou d'autres fruits secs. Cette boisson peut être améliorée par la présence de l'acide tartrique ou de la crème de tartre, ou de la lie de vin.

On peut employer les proportions suivantes :

Eau.	1 hectol.
Sucre ou cassonnade.	4 kil. 500.
Raisin sec.	6 kil.
Acide tartrique	150 grammes.
Lie de vin.	quelques litres.

Le sucre et l'acide tartrique seront dissous dans l'eau. Ensuite on y ajoutera la lie de vin.

D'une autre part, le raisin sec devra être écrasé ou haché de manière à déchirer ou diviser son enveloppe, afin qu'il cède à l'eau les matières solubles qu'il renferme.

Le raisin ainsi préparé, sera ajouté à la dissolution de sucre et le tout sera fortement brassé, puis abandonné au repos. La fermentation s'établira ; mais comme elle est lente et que l'alcool pourrait s'évaporer à mesure qu'il se produirait si l'on ne prenait des précautions pour l'en empêcher, il convient de faire cette opération dans un vase couvert et ne laissant qu'une faible ouverture pour donner issue au gaz carbonique qui se produit.

Si cette boisson est mise en bouteille avant que la fermentation soit terminée, elle devient mousseuse.

Lorsqu'elle est préparée, elle contient au moins $4/_{100}$ d'alcool et ne coûte pas 15 centimes le litre.

BIÈRE FACILE A PRÉPARER.

On a publié une foule de recettes pour préparer de la bière ; mais, dans ces recettes, on a plutôt été guidé par une extrême économie que par l'intention de faire une boisson qui pût rivaliser avec les meilleures de celles qui sont connues.

La recette suivante donne une bière excellente qui peut tout à la fois être bue en mangeant ou comme rafraîchissement.

La préparation de cette bière n'exige que les vases qui doivent la contenir et une chaudière dont la capacité soit environ le cinquième de celle de la cuve où l'on opère la fermentation.

Les matières employées doivent être aussi bonnes que possible si l'on désire obtenir un succès complet. Elles sont au nombre de six en y comprenant l'eau qui est indispensable à la préparation de toutes les boissons.

> Eau. . . . . 1 hectolitre.
> Mélasse de canne (1). . . . . 8 kilogrammes.
> Crême de tartre en poudre. . 150 grammes.
> Houblon. . . . . 400 grammes (2).
> Levure de bière maximum (3). 500 grammes.

La crême de tartre devra être dissoute dans 80 litres d'eau. Comme elle se dissout fort lentement, il faudra s'y prendre d'avance et agiter le mélange de temps en temps ou bien employer quelques litres d'eau bouillante.

---

(1) Il est indispensable que la mélasse provienne du raffinage du sucre de canne. Autrement, elle communiquerait à la bière une odeur et une saveur détestables. On peut la remplacer avantageusement par de la cassonnade de *canne*.

(2) Cette quantité peut être réduite de moitié.

(3) La levure de bière n'ayant pas toujours la même consistance, il faut en employer d'autant plus qu'elle est plus fluide. 250 grammes de levure en pâte ferme, seraient plus que suffisants.

La mélasse ou la cassonnade sera ensuite dissoute dans les 80 litres de dissolution de crême de tartre.

D'une autre part, la levure sera délayée dans quatre litres de la dissolution de crême de tartre et de mélasse.

Ce mélange sera abandonné à lui-même jusqu'à ce qu'il soit en pleine fermentation. Cela sera facile à voir au mouvement qui s'opèrera dans le liquide et aux bulles de gaz qui viendront crever à sa surface et à l'écume épaisse qui la recouvrira.

Arrivé au résultat qui vient d'être indiqué, le mélange contenant la levure sera ajouté au restant de la dissolution de crême de tartre et de mélasse.

La fermentation continuera dans toute la masse, et, lorsque l'on verra qu'elle est près d'être terminée, on fera bouillir le houblon à deux reprises; mais pendant 10 minutes au plus chaque fois, dans les 20 litres d'eau restante que l'on divisera en parties égales.

La décoction de houblon sera passée dans une passoire ou un tamis, et lorsque sa température se sera abaissée *au moins* à 60 degrés du thermomètre centigrade, elle sera ajoutée au produit de la fermentation. Si l'on n'a point trop attendu pour ajouter le houblon, la fermentation reprendra son cours et, lorsqu'elle sera terminée, il faudra transvaser la bière dans un deuxième vase en la décantant. Ce vase devra ensuite être fermé en laissant quelques fissures pour donner issue au gaz carbonique qui pourrait se développer encore.

Après quelques jours de repos, la bière pourra être mise en bouteille en la décantant avec le plus grand soin.

Cette bière n'exige pas plus de huit jours pour être

potable. En 15 jours, tout compris., elle devient très mousseuse lorsqu'elle a été mise en bouteille.

Le lieu qui convient le mieux pour préparer cette bière est une cave ou un chai.

Les vases peuvent être en bois ou en terre cuite. Ces derniers sont préférables aux premiers.

Les précautions à prendre sont les mêmes que celles qui conviennent à la fermentation du vin.

Si l'on préparait une grande quantité de bière dans un lieu peu aéré ou dans une cave, il faudrait prendre garde à l'asphyxie qui résulterait de la respiration du gaz carbonique qui s'échapperait du liquide pendant la fermentation.

Il ne faudrait point pénétrer dans un lieu où une bougie ou une chandelle s'éteindrait, avant d'en avoir renouvelé l'air le plus complètement possible.

Les bouteilles dans lesquelles on met cette bière, doivent être résistantes et les bouchons doivent être bien ficelés.

Les 8 kilogram. de mélasse peuvent être remplacés avantageusement par 5 kilogr. de sucre en pain.

Les 8 kilogr. de mélasse valent 6 fr., et les 5 kilogr. de sucre valent 7 fr. 50.

De la bière préparée avec 5 kilogr. de mélasse au lieu de 8, et 200 gr. de houblon au lieu de 400, s'est conservée en bouteille en bon état pendant plus de 18 mois.

Cette bière peut être colorée à volonté par du *caramel*.

La crème de tartre, ajoutée dans cette bière, favorise la fermentation, s'oppose à une déperdition du sucre et communique à cette boisson, des propriétés spéciales qui font qu'elle peut être bue en mangeant. Cette crême de tartre est indispensable, et c'est sa présence dans cette bière qui la distingue de toutes les autres, et lui donne les qualités supérieures qu'elle possède.

La bière, dont la préparation vient d'être indiquée, quoique bonne, pourrait encore être perfectionnée; mais il faudrait, pour cela, compliquer sa préparation qui n'exige presque aucun travail.

BOISSONS PRÉPARÉES PAR MÉLANGE.

1.re — GROG.

Eau. . . . . 1 hectolitre.
Rhum ou tafia. . . . . . . de 4 à 10 litres.
Acide tartrique. . . . . 150 gramm.

Cette boisson peut être bue aussitôt que l'acide tartrique est dissous.

Les liqueurs alcooliques peuvent être remplacées par 3 à 5 litres d'alcool à 80 ou 90 centièmes.

Cette boisson pourra être bue pure ou coupée avec de l'eau selon la quantité d'alcool qu'on y aura fait entrer.

On pourrait élever la richesse alcoolique de cette boisson jusqu'à 10 et 12 litres d'alcool ordinaire. Mais alors elle serait très-enivrante et devrait être bue avec ménagement ou coupée avec de l'eau.

2.me — THÉVIN.

Thé . . . . 500 grammes.
Eau. . . . . 1 hectolitre.
Alcool de 80 à 90 centièmes. . 3 à 6 litres (1).
Acide tartrique. . . . . 150 grammes.

---

(1) L'alcool peut être remplacé par 4 à 10 litres de rhum ou de tafia.

Faire infuser le thé à deux reprises pendant une demi-heure chaque fois, dans quelques litres d'eau bouillante pour l'épuiser complètement. Ajouter cette infusion au restant de l'eau, puis l'alcool, puis l'acide tartrique.

Cette boisson, lorsqu'elle est sucrée, est des plus agréables à boire, et, si elle est faite avec de bon alcool *droit en goût*, elle prend immédiatement la saveur d'un excellent vin à odeur de thé.

Comme dans les autres liqueurs, l'alcool peut être remplacé par du rhum.

3.me — GLORIADE.

Eau.	1 hectolitre.
Café torréfié et moulu..	2 kilogrammes.
Rhum.	4 à 10 litres.

Introduire le café dans un filtre ordinaire, l'humecter avec de l'eau bouillante; après une demi heure, verser de l'eau bouillante jusqu'à épuisement complet.

Ce mélange est très-agréable surtout s'il est sucré.

Le Rhum se marie mieux avec l'arôme du café que l'alcool. On ne peut ajouter d'acide tartrique à ce mélange parce qu'il fait naître un précipité abondant qui le trouble et le rendrait par cela même désagréable à boire, à moins que l'on n'attende que le dépôt ne soit formé et que l'on ne décante la liqueur claire. Dans cet état, elle est d'une limpidité extrême; mais pour acquérir une saveur acide, elle a perdu quelques-uns de ses éléments constitutifs.

Cette boisson est une des meilleures que l'on puisse

prendre pour remplacer le vin. Elle est facile à préparer et d'une faible valeur.

Toute préparée, avec cinq centièmes de rhum, elle vaudrait au plus 120 fr. le tonneau ou le kilolitre.

4.ᵐᵉ — **HUMULINE**.

> Houblon . . . . 200 grammes.
> Eau . . . . 1 hectolitre.
> Rhum ou tafia . . . . 4 à 10 litres.
> ou bien alcool ordinaire . . . . . . 3 à 5 litres.

Dans cette liqueur, il y a une fois moins de houblon que dans la bière dont la formule a été donnée. Cela est dû à ce que la fermentation détruit une grande partie des principes actifs du houblon et à ce qu'il faut par conséquent en élever la quantité pour compenser cette perte.

Les liqueurs nᵒˢ 2 et 3 paraissent d'abord désagréables à boire ; mais on y est bientôt habitué et alors elles sont bues avec plaisir.

Si on y ajoutait du sucre, elles seraient alors très-agréables même l'humuline qui est amère ; mais elles seraient moins convenables à être consommées pendant les repas.

Elles sont agréables, digestives, fortifiantes et excitent au travail.

Jamais ces boissons ne pourront rivaliser avec les vins supérieurs ; mais elles sont infiniment préférables aux vins des environs de Paris et surtout à l'eau pour le travailleur et même le simple consommateur.

Elles permettent de suppléer à l'insuffisance des vendanges par des produits d'une toute autre origine, puisés dans la canne à sucre, ou dans la betterave, qui croissent en d'autres lieux que la vigne, qui n'ont pas besoin d'entrer en fleurs pour donner des produits qui, par cela même échappent presque toujours aux accidents causés par l'intempérie des saisons et qui, jusqu'à ce jour, n'ont point subi l'influence funeste du fléau qui ravage les vignobles.

Elles sont salubres puisqu'elles sont formées avec des matières qui entrent dans les boissons les plus usuelles, telles que le thé, le café, la bière et le vin même.

Quelques-unes d'entre elles, telles que le *thévin* et la *gloriade* ont pour les armées en campagne et pour les simples voyageurs un avantage réel sur le vin qui ne peut être transporté qu'avec difficulté, sur l'eau-de-vie seule, qui est enivrante et abrutissante.

Partout on trouve du thé, du café et de l'eau-de-vie ou du rhum pour tenir lieu d'alcool. Partout on peut préparer ces boissons. Quant à l'acide tartrique ou à l'acide citrique, il suffit de rappeler qu'avec 150 grammes et même 100 grammes de l'un d'eux, on peut préparer *cent litres* de boisson, qu'il y en a plus qu'il n'en faut pour un voyageur d'Europe en Californie en doublant le cap Horn, et que chaque voyageur peut l'emporter non-seulement avec lui, mais sur lui.

Il faut ajouter enfin que le suc de citron peut remplacer les acides tartrique et citrique.

J'ose espérer qu'elles seront de quelque utilité en attendant qu'il plaise à Dieu de nous donner de meilleures récoltes.

BORDEAUX, IMPRIMERIE DE TH. LAFARGUE, LIBRAIRE.

www.ingramcontent.com/pod-product-compliance
Lightning Source LLC
Chambersburg PA
CBHW060617050426
42451CB00012B/2305